ÉCHANTILLONS

CURIEUX

DE STATISTIQUE.

PAR M. CH. NODIER.

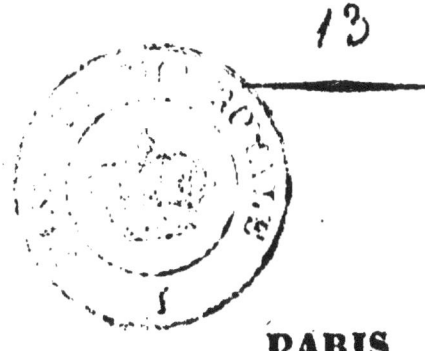

PARIS,

TECHENER, LIBRAIRE, PLACE DU LOUVRE, N° 12.

Août 1835.

ÉCHANTILLONS
CURIEUX
DE STATISTIQUE.

« Il y a vingt ans que je ne mis en livre une heure de suite », et je demande mille fois pardon au lecteur de m'appliquer si cavalièrement un passage de Montaigne, liv. III, chap. VIII des *Essais*. Cela résulte peut-être de ce que la première page venue du premier livre venu offre assez de matière à réfléchir aux esprits qui réfléchissent, depuis Montaigne jusqu'à moi, pour que les longues lectures en deviennent confuses, fatigantes et stériles. On n'amasse jamais trop d'idées à l'âge qui les amasse; la multiplicité des idées nuit à leur clarté, à l'âge qui les élabore. Il en est de la faculté d'acquérir des notions instructives comme de ces arbres chargés de fruits naissants qui sourient à l'espérance des cultivateurs, et qu'ils émondent eux-mêmes à une époque plus avancée, pour leur laisser la possibilité de se nourrir également des sucs de la terre, et de mûrir également aux feux du soleil.

Un autre auteur, qui est certainement plus digne que moi d'être cité après Montaigne, a dit quelque part qu'il n'y avoit point de si mauvais livre où l'on ne trouvât quelque chose d'utile, si on se donnoit la peine de la chercher. C'est une expérience que j'ai faite mille fois, et souvent avec assez de bonheur pour découvrir dans un *bouquin* méprisé, des enseignements que m'avoit refusés l'*Encyclopédie* : rencontre assez semblable, par parenthèse, à celle du chimiste plus heureux que sage, qui compose d'excellents remèdes ou des agents industriels d'une grande puissance, en poursuivant la chimère de la panacée ou de la pierre philosophale. Des sciences fausses elles-mêmes, la recherche est profitable. Des *bouquins* dédaignés eux-mêmes l'exploration est utile.

Il y a dans toutes les civilisations *qui marchent*, et particulièrement en France où la civilisation galope, un penchant déterminé pour le nouveau, une répugnance invincible pour l'ancien, parce qu'on ne s'avise pas que c'est avec l'ancien qu'on fait du nouveau, et que les sociétés modernes sont incapables d'en faire autrement. De là vient la proscription universelle du *bouquin*, que personne ne lit, et dans lequel reposent enfouis depuis deux ou trois siècles tous les éléments de notre perfectionnement quotidien. Du nouveau, c'est la mnémonique, par exemple, qu'un charlatan germain vendoit dix louis ? Elle est dans Gratarol, dans Paëpp, dans Giordano Bruno, dans cent autres copistes du premier livre des *Rhétoriques ad Herennium*, qui ne se vendent que dix sous. *Bouquins !* — C'est la sublime technologie de Bacon apostillée par d'Alembert ? Elle est dans Savigny et dans Loys le Roi. *Bouquins !* — C'est la puissance de la vapeur, si habilement appliquée par Jacques Watt, de Greenock ? Elle est dans Denis Papin, de Blois. *Bouquin !* — C'est le jeu frivole des aérostats, en attendant leur usage et leur direction ? Il est dans Cyrano de Bergerac. *Bouquin !* — C'est le méchanisme du gouvernement représentatif, peut-être, et voilà du neuf et du beau, s'il en fut jamais ? Il est tout entier dans Mayerne Turquet. *Bouquin* archi-*bouquin*, le prototype des *bouquins*,

Je n'ai pas formé le projet de m'élever jusqu'à la discussion de ces questions sublimes, qui me fourniroient tout au plus la matière d'un commentaire assez inutile sur le vieil adage de Salomon : *Il n'y a rien de nouveau sous le soleil*. Je sais mieux accommoder mes recherches à la portée de mon petit savoir et de ma foible intelligence. Une induction d'ailleurs suffira pour toutes, si je la tire des nouveautés les plus étranges et les plus inaccoutumées ; et comme il est déjà suffisamment démontré que l'*omnibus* véhicule, ou *trajectice*, remonte au dix-septième siècle où il fût inventé par Pascal, je me contenterai de prouver que l'*omnibus-restaurant* remonte au seizième siècle où il fut inventé par le parlement de Rouen, qui se montra cette fois très avancé en civilisation, quoiqu'il eût été précédé à son insu, par la police chinoise. Matière de *bouquin*.

Ce fut en effet vers la fin du xvie siècle, et je ne dirai pas l'année pour deux raisons principales : la première qui est assez péremptoire, c'est que je ne la sais pas ; la seconde, c'est que mes doctes maîtres de Rouen ne seront pas embarrassés de la savoir ; ce fût, dis-je, bien avant dans sa dernière moitié, mais certainement au mois de juin, que le prudent sénat de la province anticipa de plus de deux cents ans, par une décision hardie, sur les sages mesures des sociétés de tempérance, qui viennent d'être instituées au nord de l'Amérique. Les artisans de ce temps-là, comme ceux du nôtre, dissipoient beaucoup de temps dans les loisirs dispendieux du cabaret ; le travail n'avançoit guères ; les monuments suspendus invoquoient en vain l'activité de quelques mains laborieuses ; des voluptés abrutissantes faisoient passer dans l'impur trésor des taverniers les éléments de la subsistance et peut-être de la prospérité des familles. Le remède étoit difficile, mais dans ces jours encore barbares de politique arriérée, on ne marchandoit pas avec les difficultés d'une sage administration. Par un édit dûment enregistré et revêtu du sceau royal, le parlement de Normandie supprima les tavernes, en défendant, sous des peines graves, aux industriels qui les tenoient ouvertes à tout venant, d'*asseoir* désormais *aucun homme du lieu*, car cette ressource nécessaire de la fatigue, ou, si l'on veut, ce délassement oiseux de la paresse, ne fut pas interdit aux chalants *pérégrinateurs* et *forains*. La liberté de faire venir des vivres et des boissons à domicile resta entière pour tous, et les ménages s'en trouvèrent mieux :

> Si un voisin avec son famillier
> Se veut esbattre, ainsi que de raison,
> Il est contraint de boire en sa maison
> Et d'envoyer querir du vin au pot.
> Par ce moyen, en tout temps et saison,
> Femme et enfants ont leur part à l'escot.

Le parlement fit mieux encore, parce qu'il comprit l'utile agrément d'un repos périodique, et d'un rafraîchissement modéré, pour l'ouvrier stationnaire qu'il falloit exercer lentement à la sobriété, et dont une distraction momentanée pouvoit renouveler les forces et le courage, sans risquer de les abattre. Jusqu'alors le peuple étoit allé chercher ce divertissement dans les tavernes où il oublioit tout pour lui ; les tavernes obtinrent la permission d'aller chercher le peuple, mais sous défense expresse de s'arrêter assez long-temps pour lui faire une occupation de ses plaisirs. C'est à ces dispositions municipales, tout à fait dignes de Sparte, que je fais remonter l'origine de l'*omnibus-restaurant*, qu'il seroit bien possible de trouver ailleurs en ouvrant un *bouquin* de plus. Seulement, à cette époque modeste où l'on savoit plus de grec et plus de latin qu'à la nôtre, ce n'étoit ni au latin, ni au grec, mais au françois, qu'on alloit demander le nom d'un établissement françois, et l'omnibus-restaurant du xviᵉ siècle fut simplement appelé *triballe* ou *trimballe*, du vieux verbe *trimballer*, trainer, rouler, conduire après soi, dont aucuns seroient peut-être en peine, sans ce renseignement opportun, de déterminer fort clairement la bonne et ancienne acception.

Et il ne faut pas croire que la clôture des tavernes de Rouen fût une de ces prohibitions étroites qui compromettent à peine quelques intérêts privés. Le corps des taverniers étoit une puissance, et sa clientelle était une population.

Il y avoit au bout du pont *le Croissant*, *la Lune*, *l'Ange*, *les Degrés*, *les Flacons* et *l'Image Saint-François*.

Il y avoit sur les quais *l'Espée*, *le Baril d'or*, *le Trou du Gredil*, *le Penneret* (ou pavillon), *l'Eléphant*, *l'Agnus Dei*, *le Hable*, *le Cerf*, *le Gros Denier*, *le Moustier*, *l'Esturgeon*, *le Daulphin*, *le Chauderon*, *le Hola du Bœuf*, *la Chasse-Marée*, *le Grand Moulin* et *la Fontaine bouillante*.

Il y avait au port du salut *le Salut d'or*, *la Pensée*, *la Teste sarrazine*, *la Verte Maison* et *les Pelottes*.

Il y avoit au pied du mont Sainte-Catherine, ou aux environs, *l'Image Sainte-Catherine*, *le Petit Lion*, *la Salamandre* et *le Chaperon*.

Il y avoit, près de la halle, *la Teste-Dieu*, *la Croix-Verte*, *les Saulciers*, *l'Ours*, *le Coulomb* (ou le Pigeon), *la Coupe*, *la Fleur de Lys*, *la Barge*, *l'Escu de France*, *le Grand-Gredil*, *le Loup*, *la Hache*, et *la Hure*.

Il y avoit sur Robec *la Pelle*, *les Avirons*, *le Chaperon-Saint-Nicaise*, *le Coq*, *les Balances*, *la Petite-Taverne* qui étoit particulièrement fréquentée par les jeunes gens de mauvaise conduite, *l'Escu-de-Sable*, *l'Agnelet*, *le Pot d'Estain*, *le Rosier*, *la Rose*, *le Moulinet*, *la Chèvre*, *les*

Maillots, les *Sighots,* les *Vittecoqs, Saint-Martin, la Cloche, et l'Arbre-d'Or.*

Il y avoit au Marché-Neuf *les Coquilles, le Petit-Pot, le Pélerin, la Tour-Carrée,* et la *Croix-Blanche.*

Il y avoit près de Beauvoisine *le Chapeau-Rouge, la Bonne-Foi, les Trois-Mores, le Lièvre, l'Estrieu, le Barillet, et la Pierre.*

Il y avoit *la Pomme-d'Or* près de la Porte-Cauchoise, et on avoit laissé ouvertes aux Cauchois les tavernes de Saint-Gervais.

Quant à *l'Image-Saint-Jacques,* elle fut privilégiée. Il paroît qu'elle eût le précieux monopole des *Triballes.*

On voit qu'il se trouvoit là tous les éléments nécessaires d'une émeute, ou au moins d'une coalition; mais c'étoit une de ces époques heureuses où le peuple ne se mettoit en colère que lorsqu'on lui disputoit ses libertés utiles et légitimes, ou qu'on le froissoit dans ses affections naturelles et dans ses croyances; les tavernes se fermèrent sans bruit, et les *Triballes* furent les bien-venues.

Si quelqu'un s'est ennuyé de cette longue énumération, je le comprends facilement, car je m'en suis fort ennuyé aussi; mais ce n'est pas de la littérature que j'écris, c'est de la statistique; et je n'ai jamais entendu dire que la statistique fût faite pour amuser personne.

Au reste, il me conviendroit mal de m'énorgueillir de cette incursion facile sur le terrain des sciences à la mode, et je n'ai pas l'ambition de la faire valoir comme un titre de candidature par devant l'Académie des Inscriptions et belles-lettres, ou comme un droit à être porté dans la liste expectative des préfets, car je dois tout bonnement cette érudition de haut goût à la lecture d'un mauvais *bouquin* de huit feuillets, très petit in-8º, imprimé par Jacque Aubin, à Rouen, où il se vendoit au portail des libraires, chez Jehan du Gort et Jaspar de

Remortier. Ce livret en rimes fort maussades a pour titre un quatrain qui suffira pour donner une idée du talent poétique de l'auteur :

Le Discours démonstrant sans feincte
Comme maints Plons font leur plainte,
Et les Tauernes desbauches
Parquoy Tauerniers sont faschez.

Aussi mon savant ami, M. Brunet, n'hésite point à le ranger parmi les plus *plats* et les plus *insignifiants* des rogatons de son espèce, et c'est ce qu'il auroit pu dire d'une manière plus générale, et peut-être plus juste encore, de presque toutes les rapsodies dont nous sommes si fort entichés l'un et l'autre. *Plat* est incontestablement le mot propre ; il n'y en a point de plus caractéristique à mettre à sa place. Quant à *insignifiant*, je n'en saurois tout à fait convenir aujourd'hui pour l'honneur de mon article. Mais, d'une autre part, son insigne rareté lui a fait obtenir aux yeux des amateurs une valeur qui excède de beaucoup celle des livres les mieux écrits et les mieux pensés, puisque de trente-un francs qu'il s'est vendu en 1815, il vient de s'élever à Londres jusqu'au prix de six guinées, et qu'on n'obtiendra plus le même exemplaire du libraire Techener, notre gracieux éditeur, à moins d'une bagatelle de seize ou dix-huit pistoles, en attendant qu'il retourne à son prix originaire et rationnel d'un sou, ce qui arrivera probablement quand les poétastres de ce temps-ci vaudront deux cents francs à leur tour. *Habent sua fata libelli.*

Pendant que je suis sur cette question bachique de *tabernis, caupoñis et popinis*, à laquelle je ne me propose pas de revenir, croiriez-vous qu'il ne tient qu'à moi de vous fournir des renseignements presque aussi précis sur la position et sur le nom des principales tavernes qui florissoient à Paris en l'an de grâce et de platsir 1835 ? Celles-ci sont seulement d'un étage plus élevé, et telles qu'elles pouvoient être honorées quelquefois de la présence d'un Cyrano, d'un Saint-Amand et d'un Faret. Cependant la *Pomme de Pin* étoit bien déchue alors de la splendeur dont elle avoit joui sous Régnier et même sous Rabelais; et pour rappeler les chalands près du pont Notre-Dame, en face de l'église de la Magdeleine, elle attendoit la clientelle propice de Chapelle, qui devoit un jour y *verser la lampe à l'huile* de Boileau, *pour lui mettre un verre à la main*; mais le *Petit-Diable*, son proche voisin, avoit profité de ses pertes, sans hériter de sa renommée.

En partant de là, il n'y avoit pas un long trajet pour aller faire une nouvelle station à la *Grosse-Teste*, un peu plus loin que le Palais.

Le goût de la bonne chère s'allioit fort bien alors avec celui des beaux-arts, et même avec les pratiques de la piété; les friands déjeuners de Cormier s'ouvroient à l'issue de la messe de Saint-Eustache; les spectateurs échauffés par la magnifique éloquence de Bellerose, aimoient à s'asseoir aux *Trois Maillets* en sortant de l'hôtel de Bourgogne, et y terminoient agréablement une journée agréablement commencée à *Saint-Martin*, à l'*Aigle Royal*, ou au *Riche Laboureur*, tout près des confrères Saint-Mathurin. Le petit peuple seul visitoit encore *Clamar*, naguère en réputation parmi les gourmands, mais décrédité depuis par un tavernier de mauvais ton.

Les plaideurs et la Bazoche du Chastelet fréquentoient le *Grand Cornet* ou la *Table du valeureux Roland*, masure presque monumentale que la tradition faisoit remonter jusqu'à cet illustre paladin, et qui comptoit avec orgueil parmi ses chartes fabuleuses le dernier écot des douze pairs de Charlemagne.

La crainte des récors entraînoit plus loin quelques misérables victimes de la chicane, qui dissipoient du moins leurs derniers écus dans une oublieuse sécurité à l'enseigne de *la Galère* ou à celle de *l'Eschiquier*.

Les courtisans que leur ambition ou leurs affaires retenoient trop long-temps au Louvre, trouvoient bon gîte et chère lie chez *la Boisselière*, mais ce n'étoit pas aubaine pour les poètes et pour les enfants sans-souci. *La Boisselière* ne faisoit jamais crédit, et l'on ne dînoit pas chez elle à moins de dix livres tournois, somme inconcevable pour le temps.

Les *Trois Entonnoirs* près des Carneaux se distinguoient par leur excellent vin de Beaune, celui des vins de France dont on faisoit alors le plus de cas, et que certains gourmets estimoient hardiment à l'égal de ceux d'Espagne et d'Italie.

Du côté du Mail, il falloit choisir entre l'*Escu* et la *Bastille* ; mais l'*Escharpe* étoit la plus choyée des tavernes du Marais. C'est l'hôte de ce logis délicieux, homme de progrès s'il en fut, qui a inventé les *cabinets particuliers*. La civilisation commençoit à marcher. C'est l'année qui précéda le *Cid*. Cette sublime création (je parle de l'invention des *cabinets particuliers*) fit négliger jusqu'à l'*Hôtel du Petit-Saint-Antoine*, si connu par la facilité de ses plaisirs, jusqu'aux *Torches* si bien famées du cimetière Saint-Jean, jusqu'aux *Trois Quilliers* de la rue aux Ours, qui avoient bravé, pendant une longue suite d'années, toute espèce de comparaison. Ainsi passent les gloires du monde.

J'ajouterai, pour la satisfaction des buveurs d'eau, qu'à cette époque, éminemment remarquable dans les fastes de notre statistique parisienne, remonte l'abandon presque total des nayades du puits de Bourgogne, et même du puits Sainte-Geneviève, malgré l'efficacité des sources salutaires où celles-ci avoient caché un remède assuré contre la fièvre. Elles furent irrévocablement détrônées par les chastes nymphes d'Arcueil.

Et on jugeroit beaucoup trop avantageusement de ma modeste érudition, si l'on supposoit que j'ai tiré ces belles curiosités historiques de Corrozet ou de Dubreuil, de Sauval ou de Félibien, de Lebeuf ou de Saint-Foix, de Hurtault et Magny ou de Piganiol, de Jaillot ou de Martinet, de Mercier ou de Laudon, de Dulaure ou de Saint-Victor. Dieu fasse paix à qui en lut jamais un seul ! Je les ai prises comme les voilà, dans un *bouquin* fort ignoré, qui a pour titre : *Les Visions admirables du Pèlerin du Parnasse, ou Divertissement des bonnes compagnies et des esprits curieux, par un des beaux esprits de ce temps*. Paris, Jean Gesselin, 1635, in-8° de 254 pages, parce que j'ai cru devoir à ce volume, réellement fort divertissant, les honneurs d'une commémoration séculaire dont on ne s'est pas avisé la première fois.

C'est le bonhomme Claude Fauchet qui a dit dans son *Recueil de la langue et poésie française*, p. 200 : « Il n'y a si pauvre auteur qui ne puisse quelquefois servir au moins pour le tesmoignage de son temps. » Cette sublime réflexion de l'ami du Cid.

Lisez les Bouquins !

Ch. Nodier.

J'ajouterai, pour la satisfaction des buveurs d'eau, qu'à cette époque, éminemment remarquable dans les fastes de notre statistique parisienne, remonte l'abandon presque total des nayades du puits de Bourgogne, et même du puits Sainte-Geneviève, malgré l'efficacité des sources salutaires de celui-ci, et qu'on dut à un remède

L'Hôtel des Petits-Saints-Innocents, si connu par la facilité de sophistiquer, jusqu'aux Torches si bien fumées du cinquième Saint-Jean, jusqu'aux Trois Guilliers de la rue aux Ours, qui avoient bravé, pendant une longue suite d'années, toute espèce de conjurations. Ainsi passent les gloires du monde.

Paris, imprimerie de BRUN, rue du Mail, 6.

DE QUELQUES LANGUES ARTIFICIELLES

QUI SE SONT INTRODUITES

DANS LA LANGUE VULGAIRE.

PAR M. CH. NODIER.

J'ai souvent parlé, et j'avoue de bonne foi qu'il n'y a pas de raison pour qu'on s'en souvienne, de nos dialectes *rustiques* ou *patois;* de ces langues *du pays*, les congénères, et probablement les aînées de la langue nationale, qui ont comme elle leur génie et leurs lois, leur grammaire, leur poésie et leurs classiques. J'ai dit qu'ils avoient retenu plus ou moins de radicaux autochtones et de mots d'invasion, quelquefois avec une partie de la syntaxe des langues qui les ont fournis, et qu'ils composent sous ce rapport un véritable monument lexicologique, digne de tout l'intérêt des savants, qui ne le protégeront jamais avec trop de zèle contre le purisme dédaigneux des gens de collège.

Dans une autre occasion, si je ne me trompe, j'ai défini le *macaronique* une langue de composition latine, dont presque tous les éléments sont empruntés à la langue *vulgaire*, ou à la langue *rustique*, mais qui ne déroge nulle part à la syntaxe naturelle, à la construction transpositive, au système métrique des latins.

Je me suis enfin occupé avec quelque étendue de la langue *fourbesque* ou *argot*, dialecte entièrement métaphorique dans lequel les mots *vulgaires* ont été soumis à des acceptions conventionnelles, ou remplacés tout au plus par des mots factices dont on pénètre sans difficulté le sens allusif, en remontant à leurs radicaux.

J'ai cherché à prouver que ces langues spéciales, si importantes pour l'éclaircissement de la science, mériteroient bien quelques bons traités particuliers, faits par des hommes capables de les explorer utilement ; mais il faudroit y joindre un certain nombre de langues également capricieuses, également arbitraires, qui se sont introduites successivement dans la langue *vulgaire*, au gré de la fantaisie et de l'imagination, et que le talent de quelque écrivain bizarrement ingénieux y a tour-à-tour naturalisées. Ce sont celles dont je me propose de parler aujourd'hui, sans m'étendre toutefois en développements fort explicites, car les recherches d'érudition sont très-longues et les feuilletons sont très-courts.

Au premier rang est chez nous le *Burlesque*, dont nos vieux poètes offrent déja quelques exemples, mais qui fût plus accrédité que jamais au temps de Scarron, de Richer, de d'Assoucy, de Berthaud, de Saint-Amand, et qui a même tenté de plus fortes plumes, car il y en a des traces dans Voiture et dans Sarrazin. Son caractère est de ravaler l'idée par l'expression, et de faire passer le solennel au trivial par l'image. Tantôt c'est le *quos ego* de Virgile :

Que je.... mais il n'acheva pas,
Car il avait l'ame trop bonne.

Tantôt c'est la descente d'Enée aux enfers, où il voit *l'ombre d'un cocher*

Qui frotte l'ombre d'un carrosse
Avecque l'ombre d'une brosse.

Mais à part une exagération grotesque dans l'emploi du superlatif et du diminutif inusités, à part l'affectation de l'archaïsme tombé en désuétude ou du néologisme hazardeux, il ne change presque rien au *vulgaire*. Le *Burlesque* françois n'est lui-même qu'une imitation du *Berniesque*, langue ou plutôt style artificiel, qui doit son nom au Berni, et que celui-ci devoit à son tour à quelques latins d'une antiquité fort suspecte, Plaute excepté, dont l'âge est bien authentique.

Il est facile de reconnoître, au premier coup-d'œil, que le *Lutrin*, quoi qu'on en dise, n'appartient point à cette école, ou plutôt que c'est un *burlesque* pris à l'inverse, dans lequel l'idée triviale est, au contraire, relevée par la magnificence de l'image et la pompe de la parole. Ces deux genres forment une véritable antithèse, quoiqu'ils reposent, au fond, sur des combinaisons analogues. Dans le *Virgile travesti*, substituez des gens du peuple aux héros de l'*Énéide*, et le poème restera bouffon. Dans le *Lutrin*, substituez Chrysès au chantre, Achille au perruquier, et, sauf quelques détails, le poème deviendra héroïque.

La langue *pédantesque* touche de près à la langue *macaronique*, et se confond presque avec elle dans les *Epistolæ obscurorum virorum*; mais elle s'en distingue essentiellement en italien et en françois, parce qu'au lieu d'assujettir le mot *vulgaire* à la phraséologie et à la syntaxe latines, c'est le mot latin qu'elle soumet aux formes du langage *vulgaire*, comme dans le plaisant discours de cet écolier limousin que Pantagruel rencontra sur le chemin « de l'alme, inclyte et célèbre académie que l'on vocite « Lutèce. » Elle tire son sel le plus piquant de l'abus des formules scholastiques et de la profusion des citations. Son usage, fort divertissant dans Rabelais, dans Cyrano, dans Molière, a été souvent pris au sérieux par les demi-savants qui ont de bonnes raisons pour souhaiter de n'être pas entendus. C'est aujourd'hui la langue ordinaire de la médecine.

Cette excursion sur le terrain des *Argots* dont se servent certaines coteries pour s'isoler de la multitude, ne me permet pas de passer le *Précieux* sous silence. Le *Précieux*, construit dans les mêmes vues que l'*Euphuisme* anglois qui le précéda de peu d'années, étoit une espèce de jargon établi dans *la bonne compagnie* d'où il déborda dans les romans, et auquel se reconnoissoient entr'eux les sots initiés des ruelles. Son artifice consistoit dans une recherche puérile de métaphores énigmatiques, d'hyperboles extravagantes, et de phrases postiches ridiculement prodiguées, qui n'offrent d'ailleurs ni sens ni esprit. Molière fit bonne justice de ce verbiage intolérable, mais le *Précieux*, battu à outrance dans une délicieuse comédie, ne fût pas vaincu sans ressource, car il est essentiellement rédivive en France. Appliqué un siècle après à la métaphysique alambiquée d'une école cynique de philosophes et de romanciers, il reçut le nom de *Marivaudage*. A la suite des saturnales sanglantes de la révolution, il inspira le *Merveilleux*. Il jette encore, au moment où je parle, quelques folles étincelles dans les livres et dans les journaux, et pour le malheur de notre belle langue, si claire, si raisonnable, si sagement circonspecte, il y jouit sans contradiction de tous les honneurs du talent. Molière est mort!

Le comique de la langue *gracienne* qui est propre à l'Italie, résulte de l'opposition calculée de l'expression avec la pensée, à l'imitation d'un défaut commun dans la conversation des ignorants qui veulent faire étalage de science, et qui emploient les mots à contre-sens parce qu'ils n'en connoissent pas la valeur. Le Quadrio en a rapporté l'origine à un certain Lucio qui la composa vers 1560 sur le type grotesque d'un barbier de son temps, nommé *Messer Graziano delle Cetiche*, du bourg de Francolin dans le Ferrarois. Aussi n'est-elle pas sortie de ce dialecte rustique, du moins chez ses inventeurs, car il seroit possible d'en trouver quelques exemples dans nos parades. En voici un que je prends ailleurs, mais sans m'en éloigner beaucoup, car c'est à la porte même du théâtre où elles se jouoient dans ma jeunesse. Quand madame Saqui, d'aérienne et voltigeante mémoire, afficha des représentations extraordinaires à l'honneur des journées *immémorables* de juillet, elle faisoit sans le savoir de la langue *gracienne*, comme le peuple fait des figures de rhétorique et M. Jourdain de la prose.

Le *Burchiellesque* est la débauche d'un brillant génie, mais fantasque et moqueur, qui s'est précipité dans l'absurde de propos délibéré; sa méthode, si c'en est une, est d'enchaîner dans des vers réguliers des idées inconciliables qui hurlent, comme on dit, d'être ensemble; combinaison qui n'a rien d'offensant pour la grammaire, mais qui est faite en dérision de la logique et du sens commun. Ce qu'il y a d'extraordinaire, c'est que le style, de cet inextricable fatras, sous lequel Doni cherchoit des mystères comme nous en avons cherché dans les *centuries* de Nostradamus, reste partout pur, élégant et choisi. L'académie de *la Crusca* l'a cité parmi les textes de bon langage, et Ginguené remarque à cette occasion que Burchiello est peut-être le seul auteur qu'on ait cité sans l'entendre. Ginguené n'y a pas regardé de près.

Le *Coq-à-l'âne* de Marot, qui s'est renouvelé du temps de Collé, paroît être imité du *Burchiellesque*. On ne l'imitera plus. Il faut, pour prendre plaisir à ces jeux, s'y exercer dans une langue qui vient de naître. La civilisation a ses hochets comme les enfans.

La langue *amphigourique*, ressuscitée par Vadé et fort connue des bateleurs, mais dont il y a plus d'un échantillon dans *Bruscambille*, et qui rappelle à tout le monde le plaidoyer des deux seigneurs, si plaisamment appointés par Pantagruel, est probablement le *nec plus ultrà* des langues de *non-sens*. J'excepte néanmoins par respect les langues scientifiques. Cette manière d'exprimer quelque chose qui a l'apparence d'une pensée, est ce qu'en dialecte *poissard* on appelle aujourd'hui *le bagou*, mélange hardi des idées les plus disparates, des locutions les plus hibrides, des formes de langage les moins susceptibles de s'allier entre elles, soutenues dans un discours de longue haleine avec l'énergie passionnée de la conviction et l'imperturbable volubilité d'une improvisation sérieuse. Elle est voisine en ce sens du *Pédantesque* et du *Gratien*, mais elle se rapproche davantage encore du bavardage hétéroclite des fous. Les Italiens en auroient probablement fait la langue *fanfreluchesque*, s'ils avoient eu le bonheur de posséder Rabelais, car elle doit avoir pris sa source dans les *fanfreluches antidotées* qui seroient peut-être le caprice le plus délirant de l'esprit humain, si les *fanfreluches antidotées* n'avoient eu des commentateurs.

On le dira sans doute, et j'en conviens : cette langue saugrenue n'est pas aussi éloignée qu'elle en a l'air, du *galimathias* de l'Idéologie, du *pathos* de la tribune, des *battologies* oratoires du barreau, des *logogryphes* politiques de la presse. Elle en diffère seulement par deux points essentiels. Les *fanfreluches* sont beaucoup plus amusantes, et beaucoup plus raisonnables! Divine Providence des langues et des littératures, daignez nous rendre la langue *amphigourique*, s'il vous plaît ! Elle n'a jamais fait de mal à personne.

Oh! combien j'aimerois mieux, s'il m'étoit permis de

choisir entre le présent et le passé, l'innocent *Janotisme* de Dorvigny, si naturel, si naïf, si populaire, si bien fait d'après le modèle, qu'on le croiroit sténographié sous la dictée d'un badaud ingénu, malheureux en inversions : « Il en avoit de beaux, mon grand père, des couteaux (Dieu veuille avoir son âme !) pendus à sa ceinture dans une gaîne. » Combien je le préférerois à ces ergotismes menteurs avec lesquels tous les partis mystifient les nations à tour de rôle, et dont on n'aura le bon sens de rire qu'après en avoir long-temps pleuré ! Quant au *Janotisme*, il est presque inutile de dire que ce genre de *ghiribizzi* ne pouvoit s'introduire dans les langues transpositives, où la construction est toujours marquée par la désinence, et qu'il n'y en a par conséquent aucun exemple chez les anciens. Des langues de *non-sens* philosophique, je n'oserois pas en répondre ; et Lycophron est là pour leur assurer l'initiative des langues de *non-sens* littéraire ; Lycophron, le Burchiello solennel, le grave et pompeux Bruscambille de l'école alexandrine.

La langue arbitraire et protée des *nomenclaturiers* mérite peut-être une place d'honneur à côté de celles-ci, mais il faut bien se garder de lui en donner une dans les dictionnaires où elle noieroit avant peu la langue usuelle sous un déluge d'anomalies inutiles. Il sembleroit, à voir ses invasions polyglottes, que tous les idiômes de l'homme sont condamnés à mourir de mort comme l'homme lui-même, pour avoir goûté du fruit de la science. La naturalisation de tout mot scientifique, qui n'est pas de relation, disons mieux, qui, sous l'autorité respectable d'une relation fidèle, n'a pas été consacré dans la langue choisie par la plume d'un grand écrivain, ou dans la langue *vulgaire* par l'adhésion intelligente de l'usage, est un progrès vers le chaos.

Je voudrois bien m'arrêter ici, au hasard de me laisser reprocher une omission de plus, et je n'ai pas aspiré au complet en ramassant avec peu de soin ces éléments imparfaits d'un livre qui pourroit être utile et curieux; mais j'entends répéter de toutes parts à mon oreille:
« Dans quelle catégorie des langues placez-vous le *Culs*
» *torisme* du sublime poète Gongora, et le *Séicentisme*
» du divin poète Marini? Ces innovations présomptueu-
» ses n'ont-elles pas quelque rapport avec celles d'une
» école de notre temps qui compte aussi des maîtres il-
» lustres, mais où tout le monde n'a pas comme eux
» l'excuse de l'inspiration et du talent? Ces archaïsmes
» mal compris, ces néologismes mal faits, ces figures
» fausses et outrées, ressource facile des esprits médio-
» cres qui dissimulent la honteuse misère du fond sous
» l'étrange nouveauté de la forme, appartiennent-elles à
» la langue naturelle du pays, ou ne sont-elles que l'ar-
» tifice passager d'une langue factice qui n'aura point
» d'avenir? La destinée des littératures, en un mot, a-
» voit-elle réservé à notre époque une langue poétique
» inconnue de tous les âges, ou bien s'est-elle jouée seu-
» lement à montrer aux yeux de la postérité, dans une
» grande aberration, ce qu'étoit devenue en ce siècle
» de perfectionnement et d'intelligence la France intel-
» ligente et perfectionnée? »

Cette question importune et scabreuse m'embarrassera peu cependant, car je prierai Horace d'y répondre pour moi :

Scribendi recte, sapere est et principium et fons.
De Art. poet.

La loi universelle et infaillible des langues, c'est LE BON SENS.

CH. NODIER.

Paris, imprimerie de BRUN, rue du Mail, n° 5.

www.ingramcontent.com/pod-product-compliance
Lightning Source LLC
Chambersburg PA
CBHW071439060426
42450CB00009BA/2247